Disculparse o no, esa es la cuestión

Disculparse o no, esa es la cuestión

Úrsula Camba Ludlow

tirant humanidades
Valencia, 2025

Director de la colección Ágora
JOAN ROMERO GONZÁLEZ

© Úrsula Camba Ludlow

© TIRANT HUMANIDADES
EDITA: TIRANT HUMANIDADES
C/ Artes Gráficas, 14 - 46010 - Valencia
TELFS.: 96/361 00 48 - 50
FAX: 96/369 41 51
Email: tlb@tirant.com
www.tirant.com
Librería virtual: www.tirant.es
DEPÓSITO LEGAL: V-1109-2025
ISBN: 978-84-1081-170-6
MAQUETA: Innovatext

Si tiene alguna queja o sugerencia, envíenos un mail a: *atencioncliente@ tirant.com*. En caso de no ser atendida su sugerencia, por favor, lea en *www.tirant.net/index.php/empresa/politicas-de-empresa* nuestro procedimiento de quejas.

Responsabilidad Social Corporativa:
http://www.tirant.net/Docs/RSCTirant.pdf

ACCESO GRATIS *a la Lectura en la Nube*

Para visualizar el libro electrónico en la nube de lectura envíe junto a su nombre y apellidos una fotografía del código de barras situado en la contraportada del libro y otra del ticket de compra a la dirección:

ebooktirant@tirant.com

En un máximo de 72 horas laborables le enviaremos el código de acceso con sus instrucciones.

Índice

Disculparse o no, esa es la cuestión

Una nación es solo la fe en un relato
Tomás Pérez Vejo

TIEMPO Y TIENTO QUIEREN LAS COSAS Y MÁS, LAS DIFICULTOSAS

El espinoso asunto de las disculpas o no disculpas que, según la filtración de una carta del gobierno mexicano, debería dar España a México por los agravios cometidos hace 500 años en la conquista, invasión, encuentro, irrupción, desencuentro, etc., perpetrada por Hernán Cortés y sus huestes, me parece fabuloso, porque pone —por primera vez en mucho tiempo—, la atención en una disciplina y el oficio de ejercerla, que es la Historia. Más aún coloca en el ojo del huracán, de forma inevitable, a Nueva España, que fue durante tres siglos el corazón del Imperio español y cuya historia ha sido olvidada en un rincón polvoriento como un trasto viejo e inservible. Efectivamente, la enseñanza de ese período histórico, que fue fundamental para ambas naciones en términos demográficos, económicos, culturales, sociales y religiosos ha sido soslayado, olvidado (dicen que ningún olvido es ingenuo), o francamente borrado del discurso histórico y de la enseñanza en educación básica y media en ambos países durante décadas.

A pesar de las nutridas y novedosas investigaciones de especialistas en el período, que se han producido por más de un siglo, desafortunadamente no han tenido una difusión de grandes alcances, y con frecuencia se convierten, en el mejor de los casos, en un diálogo entre tres o cuatro colegas, vecinos de cubículo y, en el peor, en un eterno soliloquio del autor.

Lo que encuentro a todas luces estéril e inservible, es la radicalización de ambas posturas en torno al período histórico en cuestión y particularmente sobre la conquista de Tenochtitlan, de la cual parte el debate más ríspido junto con la presencia de Cristóbal Colón en Las Antillas. Veamos con mayor detalle de qué se trata este debate. Por un lado la *Leyenda negra* que está sustentada por una parte en la envidia que atravesaba el discurso anglosajón que quedó al margen de la repartición de los territorios descubiertos y por otra, las amargas quejas de fray Bartolomé de Las Casas, encomendero arrepentido, sobre el exterminio real de los pueblos de La Española y Las Antillas. Esta postura ideológica traslada del presente al pasado conceptos anacrónicos e inexactos que no explican los contextos del pasado. Por un lado, ignora que la mano de obra más importante en toda América fue la indígena. Exterminar a conciencia a quienes sostendrían y acrecentarían la riqueza de los españoles era una insensatez.

El covid nos enseñó entre otras cosas, o nos recordó, que hay virus invisibles para los que no había inmunidad y que en los inicios de la pandemia nadie tenía la más pálida idea de cómo se contagiaba. Lo mismo sucedió con las epidemias que de forma dramática acabaron con los pueblos tainos y caribes de las islas y después con gran parte de la población continental de América. Que los españoles infectaran adrede a los nativos es tan absurdo como creer que se conocía ya la teoría del contagio que surge a finales del siglo XVIII. Pontificar con dedo flamígero y acusador que solo hubo violencia, destrucción y muerte es ignorar los intercambios, vínculos y negociaciones que posibilitaron no solo el triunfo de las huestes enemigas de los mexicas, sino también la construcción de un mundo nuevo. En efecto, el mundo como lo conocían las culturas nativas de América, terminó para siempre y de forma irremediable con la llegada, irrupción, conquista, invasión o como se le quiera llamar de los españoles. Las conquistas se sucedieron varios siglos más sobre todo en el norte sin que lograran pacificarse y poblarse del todo aquellas inmensas regiones septentrionales; mientras que por el sur, en Yucatán, los mayas también presentaron una férrea resistencia al dominio español, escapando a la selva del Petén. Pese a este fenómeno que muestra la dificultad de una conquista homogénea y monolítica de las culturas prehispánicas, siempre se ha tomado como punto de partida de la debacle la visión de los mexicas derrotados y no la de los tlaxcaltecas victoriosos, por ejemplo. Aunque una y otra vez se ha tratado de reivindicar el papel de los "indios conquistadores" como los tlaxcaltecas se denominaban a sí mismos después de triunfar sobre sus acérrimos enemigos, prevalece siempre un victimismo que se ha colado por los entresijos del imaginario colectivo. Lo mismo sucedió en otras latitudes de América en las que el avance español fue lento, accidentado, peligroso y desigual. Muchos territorios australes sobre todo, estaban escasamente poblados y no completamente cristianizados aun en el siglo XVIII.

Sin embargo hemos olvidado que todo final es el principio de algo más, también de forma indefectible. Y sí, un nuevo mundo comenzó a forjarse sobre las ruinas del anterior, un mundo que incorporó diversos elementos de culturas variadas y permitió algunas pervivencias imponiendo, eso sí, una única forma de entender el mundo: el catolicismo. Pero sobre eso volveremos más tarde.

Por el otro lado, tenemos a los partidarios de la *Leyenda rosa* que solo encuentran esplendor y bondad en el acto de la conquista y consideran a los conquistadores "santos y héroes", protagonistas de grandiosas hazañas y que reducen a las culturas americanas previas al contacto a meros caníbales, seres crueles, sociedades primitivas, atrasadas, bárbaras e incivilizadas, porque entre otras pequeñeces, no "conocían" la rueda ni desempeñaban oficios como herreros o forjadores. Tal acercamiento ignora por completo el alto grado de complejidad de las civilizaciones prehispánicas en términos religiosos, políticos y sociales.

Igual de anacrónica que la *Leyenda negra*, esta tiene un tufillo bastante rancio que la acerca más a las explicaciones del pasado que se construyeron durante el siglo XIX que al siglo XXI. Nos recuerda las teorías del darwinismo social y la evolución de las sociedades en un marco teórico cuyo racismo nubla la comprensión de las particularidades de las sociedades nativas que no eran "incultas" ni primitivas sino todo lo contrario. El nivel de complejidad ideológica, religiosa y cultural que encontraron los españoles en las culturas continentales los dejó sumidos en el asombro tal y como lo registran varios cronistas. El mismo Hernán Cortés al momento de intentar describir el imperio mexica que recién va conociendo, se maravilla de su organización, la riqueza y variedad de sus mercados, la limpieza de sus calles, la monumentalidad de sus construcciones.

Ambas posturas, atrincheradas en la superioridad moral, de ser mejor que su némesis, se enfrascan en discusiones cuyo encono ha ido creciendo en una espiral de violencia que con cierta regularidad, estalla en las redes sociales y los medios masivos de comunicación como radio, televisión y diarios impresos, que han dado eco a ambas posturas. Pongamos por ejemplo el día 12 de octubre que para unos es motivo de orgullo en tanto se celebra el *Día de la Hispanidad,* para otros más moderados, se conmemora (porque no es celebración) el *Día de la diversidad cultural* o de *la Nación pluriétnica,* que antes era el *Día de la Raza,* para llegar hasta el otro extremo que lo considera una afrenta y por lo tanto lo denomina como el *Día de la resistencia indígena*. Tantas designaciones y significantes para un mismo día ya nos dan algunas pistas sobre las visiones diametralmente opuestas en torno no solo a las ideologías políticas sino también a los valores y códigos que cada sociedad impone a un mismo hecho: que Colón descubrió, se topó, se tropezó con América. Sobre esto último los debates se han sucedido por décadas sin que haya tampoco ningún acuerdo, sino por el contrario, una polarización cada vez más ríspida.

Dicho lo anterior, en este texto propongo una visión que busca alejarse de los radicalismos, en un intento por mostrar una paleta de colores más amplia que el blanco y el negro. El punto de partida es la complejidad, las contaminaciones, los traslapes, las negociaciones, resistencias y vínculos. La idea es seguir los pasos del historiador Edmundo O´Gorman e intentar responder a la pregunta ¿cómo sucedieron las cosas?, en lugar de ¿por qué sucedieron de esa manera? Mi intención es ofrecer una visión integrada de la herencia que ambos mundos han dejado en América pero también las huellas que se encuentran en Europa, incluso en la actualidad.

Aquí es necesario detenernos para dar un aviso importante al lector. Es bien sabido que la objetividad largamente perseguida por los historiadores desde hace siglos, es en realidad una quimera. Que los historiadores, como cualquier otra persona, hablamos desde un conjunto de valores, de prejuicios, de símbolos y de códigos que definen nuestra visión del mundo y nuestro lugar en él. Por lo tanto, más que "lo verdadero" o "lo real" verbigracia (ya vimos cuántas versiones puede haber de la conmemoración de un día), intentaré recuperar algunos vestigios del pasado que para bien o para mal, forman parte esencial de la identidad y la cultura en Latinoamérica, con especial énfasis en México (que no ha recibido la tan anhelada disculpa).

Los historiadores somos más parecidos a un detective, que a un juez. Así, la tarea de rastrear vestigios o señales que no aparecen a simple vista es una de las formas de reconstruir el pasado. Como si se armara un enorme rompecabezas al que siempre le faltarán algunas piezas pero que en términos generales nos da una imagen nítida de lo que pudo haber sido y de lo que aún pervive.

Hay un elemento que cruza todo este texto y es el del mestizaje más allá de lo evidente y lo trillado. Para explicar a fondo en qué consiste tal fenómeno que se ha reducido a una cuestión meramente biológica y racial, presentaré cuatro ejes de reflexión que nos permitan ahondar en los intercambios, vínculos, imposiciones y negociaciones que se llevaron a cabo durante más de tres siglos y han dado forma en gran medida a Latinoamérica tal y como la conocemos hoy, pero que también dejaron huella en el viejo continente. Dichos ejes aunque parezcan demasiado sencillos son una ventana que nos permite asomarnos al pasado.

Comenzaré por los apellidos, tema sobre el que escasamente reflexionamos en la vida diaria pero que nos define de forma individual, familiar, social y legal. En segundo lugar, la alimentación, ese acto irreflexivo que nos mantiene con vida, que llevamos a cabo todos los días, pleno de rituales y significaciones, sin preguntarnos ¿quién nos enseñó a preparar un taco, a comer una arepa, a beber mate? En tercer lugar hablaré de los objetos cotidianos como *verbigracia*, una silla, que usamos todos los días en diferentes formas para comer, conversar, esperar, estudiar o escribir a lo largo de todo el continente americano. En un siguiente momento pasaré a las tradiciones y la religiosidad que han dado forma a la sociedad como la conocemos hoy y, por último, lo más importante: los seres humanos, anónimos, personajes comunes y corrientes que habitaron y habitan estos territorios, de quienes podemos escuchar una tenue voz si sabemos acercarnos a las fuentes que resguardan algunos pequeños retazos de sus vidas.

Quiero recalcar que las reflexiones en torno a dichos ejes buscan desentrañar lo que nos es consustancial. Se trata de explicar la incorporación de códigos, valores y concepciones que forman parte de nuestro diario devenir. Es decir que si en una ucronía, pudiéramos echar el tiempo atrás para evitar la conquista de los pueblos nativos de América por parte de los españoles, entonces todos esos códigos, vínculos y sistemas de pensamiento también desaparecerían junto con nosotros y por ende también el mundo que conocemos y por supuesto, la exigencia de unas disculpas que se debaten tan airadamente.

A QUIEN DAN, NO ESCOGE

Al ser una parte esencial de nuestra individuación, pocas veces nos detenemos a preguntar el porqué de nuestros nombres y aún menos, el significado de nuestros apellidos. A diferencia de los países anglosajones en los que solo se utiliza el apellido paterno y en caso de unirse en matrimonio, la mujer adopta el apellido del cónyuge, en México utilizamos dos apellidos. El paterno y el materno, que es una herencia de España y aunque ahora en la edad adulta se permite escoger cuál apellido llevar, no siempre fue así.

Antes que la personalidad, el carácter o incluso la apariencia que se modifica a lo largo del tiempo, lo que nos da identidad al momento de nacer es el nombre y los apellidos que se nos asignan. El nombre de pila (llamado así porque es el que se impone al recibir el sacramento en la pila bautismal) nos acompaña, define e identifica, en algunos casos en los que los padres lo han elegido con mucha antelación, incluso antes de nacer. Aunque sabemos que en la Antigüedad, un recién nacido no existía de forma legal y social hasta el momento de ser reconocido por el *paterfamilias*, es decir, el padre, sobre quien recaía exclusivamente el derecho de integrar a aquel ser humano a su familia o comunidad. De lo contrario, el recién nacido terminaría en un basurero donde lo recogería alguien para criarlo como esclavo o, en el peor de los casos, a merced de la intemperie y los animales. A esos niños se les llamaba expósitos pues quedaban expuestos. El apellido Espósito es de origen romano.

Conforme las tribus de origen germánico fueron avanzando y extendiéndose, los nombres comenzaron a modificarse. Así, por aquellos del pueblo llano en la Alta Edad Media (entre los siglos V y X) tenían un origen latino o romano como Mario, Antonino, Juliano y Cayo y para las mujeres Marcela, Marina o Faustina. La nobleza en cambio, prefería los nombres de origen germánico como Gonzalo, Ramiro, Alfonso, Rodrigo, Hermenegildo y Nuño y las mujeres otros menos comunes en la actualidad pero considerados elegantes en aquel entonces: Hermesenda, Froiluba, Toda, Adosinda y el menos exótico para nosotros: Elvira. En la parte más oriental de España se utilizaban nombres de influencia franca como Guillermo, Raimundo y Arnaldo, sin embargo el pueblo llano utilizaba los mismos nombres que en otras regiones de la península ibérica. Por otro lado, en la región vasca, los nombres, así como el euskera no tienen un origen cierto, ni germánico, ni latino; ejemplos sobran: Lope, García, Velasco, Jimeno y Sancho, y para las mujeres, Urraca, Mencía y Jimena, por destacar solo algunas.

Conforme avanzaron los siglos, los sectores populares fueron abandonando los nombres de origen latino para acoger los nombres vascos y godos, lo que explica la presencia de tantos Fernández, Gutiérrez, Ramírez, Álvarez. A estos se suman otros de aquellos santos que recibían una gran devoción, por ejemplo: Domingo: Domínguez, Pedro: Pérez, Bernardo: Bernárdez y Martín: Martínez.

A finales del siglo IX paulatinamente comienza a cambiar esa tendencia y la nobleza firma los documentos con su nombre seguido del nombre de su padre y el término "filius", que significa hijo, *vbr. Ramirus, Ferdinandi filius*, conforme avancen los siguientes siglos, aparecerá el nombre del padre como apellido en todos los sectores sociales.

Asimismo, al nombre de pila, comenzó a agregarse un nombre de familia que no es propiamente un apellido sino el lugar de procedencia, una característica física, etc. que se asigna a un individuo para distinguirlo del resto, *vbr*, Pedro el Moreno, se utilizaría para distinguirlo de Pedro el Herrero. Posteriormente, tal apelativo se heredó a los descendientes sin que necesariamente compartieran aquella característica física, oficio o procedencia de quien había dado nombre a la familia. Por otro lado, el linaje, en cambio, era impuesto por la sociedad sin la aceptación de los interesados, a menos que los mismos lo adoptaran como apellido. Un ejemplo es que Isabel "La Católica" no utilizaba como apellido Trastámara ni nadie se refería a ella como tal, sino, más bien, designa su linaje, es decir, se puede hablar de "los Trastámara" como un conjunto de familias, miembros de una misma dinastía. Otro ejemplo es el de su nieto, el rey Carlos V a quien nadie llamaba Carlos de Trastámara y Habsburgo. Así, entre el siglo XV y XVI los nobles podían escoger entre los apellidos que formaban parte de su linaje ascendente. Por ejemplo, el marqués de Santillán, Íñigo López de Mendoza impuso sendos apellidos a sus cinco hijos varones: Hurtado, López, González, Suárez y Lasso en atención a los apellidos de las familias que componían su linaje.

El lector se preguntará: ¿A santo de qué hablo de apellidos, linajes y romanos? La respuesta es sencilla. Durante siglos los apellidos en el mundo hispánico sufrieron escasas modificaciones. Es decir que al término del reinado de Isabel y Fer-

nando en el siglo XVI casi no surgen nuevos apellidos. Los que ostentamos una gran parte de los
latinoamericanos, hunden sus raíces en aquellos
tiempos antiguos que nos parecen tan remotos.

Pongamos un ejemplo, los apellidos más comunes en México, según el INEGI (Instituto
Nacional de Estadística, Geografía e Informá-
tica) son Hernández, García, López, Martínez,
González, Pérez, Rodríguez, Sánchez, Ramírez
y Cruz. Tal y como sabemos, dichos apellidos
son patronímicos, pues al terminar en "ez" sig-
nifican "hijo de" como Diéguez, hijo de Diego,
Bermúdez, hijo de Bermudo, etc. Así, al parecer,
¡Oh, sorpresa!, según los rastros que han dejado
los apellidos, la mayoría de los mexicanos, en
tanto Hernández, son hijos de Hernán, el conquistador innombrable.

Otros apellidos aluden a algún rasgo físico
como Prieto, Cejudo, Moreno, Delgado, Bar-
ba, Rubio, Barriga, Blanco, Rojo, Pardo, Calvo,

Negrete, Mantecón, Chaparro, Sordo, aunque el ancestro que dio origen a ese sobrenombre se haya perdido en el anonimato de los siglos. Asimismo, otros nos remiten a aspectos de la flora, la fauna y el paisaje: Del Bosque, Palomar, De la Vega, Del Río, Del Toro, De la Cerda, del Olmo, Torres, Iglesias, Cuevas, Perales, Morales, Castillo, Salinas, Mercado, Plaza. Por último podemos destacar aquellos que refieren el oficio de su portador: Herrero, Sastre, Escudero, Peón, Pastor, Pescador, Quintero, Astillero, Obrador, Infante, Leñero, Guerrero, Alcalde, Merino. Los judíos conversos que tuvieron que abandonar sus nombres hebreos, en un principio optaron por apellidos como Gavilán, Gallo o Águila, pues intentaban esconder su origen, posteriormente cambiaron a apellidos que hacían referencia a los santos "San Pedro, Santo Domingo", "Santa María" o aludían a sus lugares de origen Pedro de León o Juan de Burgos. Por último, apellidos de origen catalán, gallego y euskera o vasco que también tienen una amplia presencia a lo largo de toda la América hispánica. La influencia árabe también se encuentra en los apellidos Albornoz, Alcántara, Alcocer o Alcázar, por mencionar solo algunos.

Por otra parte, también han pervivido algunos apellidos prehispánicos que aludían al linaje de su portador. Así, se han conservado Huamán, Quispe, Apaza y Cahuana en Bolivia y Perú; mientras que en México la mayoría son de origen náhuatl y maya como Tlatehui, Apanco, Huelitl, Dzib y Ku, entre otros.

En las primeras décadas de la dominación española en América, la evangelización emprendida por las órdenes mendicantes (franciscanos, agustinos y dominicos) fue masiva y, por lo tanto, superficial. Según cuentan los mismos frailes en las crónicas, los bautizos se realizaban por cientos, al igual que los matrimonios. Si damos crédito a semejante hazaña, esta solo pudo ser posible con la ayuda de los caciques indígenas como mediadores culturales y sociales, traductores y ayudantes, en tanto los frailes españoles no pasaban de un puñado y las dificultades de la comunicación entre ambos mundos que no tenían ningún referente en común hubieran hecho la tarea irrealizable. Así, con frecuencia, los nativos recibían el nombre de quien los apadrinaba o del encomendero al que servían. Es el caso de Francisco Verdugo, un conquistador español que dio su nombre al cacique de sus pueblos encomendados. Así como Verdugo, encontramos a múltiples Fernando Cortés y Francisco Pimentel, entre otros nombres, de personas que son indígenas, aunque su apellido indique lo contrario, pues van paulatinamente confundiéndose con los nombres españoles.

Por otro lado, hay que recordar que el uso de apodos en Latinoamérica es frecuente, al punto de que hay quienes desconocen el nombre de pila de sus amigos porque desde niños en su familia o en la escuela les impusieron un apodo con el que se identificaron hasta la muerte. Los ejemplos son infinitos. "El Pollo", "La Gorda", "El Flaco", "El Chacal", "El Mofles", "La Güera", "El Chino", nos recuerdan a los apodos que se imponían a los monarcas desde la Edad Media: "El Piadoso", "El Ceremonioso", "El Gotoso", "El Impotente", "el Leproso", "el Temerario", "el Cabeza de estopa", "El Desdichado", "el Viejo", "La Loca", "el Hermoso", "El Sabio", "El Prudente, "el Cruel" por mencionar solo algunos.

Estoy cierta que después de esta breve reflexión, el lector comenzará a preguntarse por el origen de sus apellidos, de sus padres y abuelos, si es que no lo ha hecho ya.

A CADA VILLA SU MARAVILLA

La política urbana emprendida por la corona española de pacificación y poblamiento en América suponía una forma de gobierno y "policía", es decir, un orden determinado que buscaba tener la representación del soberano en las diversas instancias de justicia y poder locales como las corporaciones, cabildos, audiencias y una extensa burocracia que debía dar cuentas de sus gestiones y actos al rey, el depositario y ejecutor de la justicia y a su consejo.

Así, ciudades como la capital novohispana, Morelia, Querétaro, Guadalajara, Oaxaca, Lima, Quito y Guatemala entre otros cientos de villas, pueblos y asentamientos, debieron seguir un trazo reticular, de raigambre renacentista que ordenaba el mundo en torno a una plaza y en la que debían estar representados en sendos edificios el poder religioso, (un convento con su respectivo templo) y el civil (cabildo y/o sede de la Audiencia), así como el consabido portal para realizar transacciones mercantiles, por ello muchos arcos en las plazas principales de las ciudades llevan el nombre de "Portal de mercaderes".

En efecto, la ciudad era tenida por una comunidad política perfecta, de ahí que en el siglo XVI se desatara un verdadero furor por la fundación de ciudades en América que llegaron a sumar la ingente cantidad de 700, aunque algunas fueron abandonándose por emplazamientos con un mejor clima, accesibilidad o seguridad.

Entre esos intercambios arquitectónicos y culturales, quisiera destacar uno desconocido para gran parte de la población en ambas orillas del Atlántico. El Palacio de Cortés se encuentra en Cuernavaca, Morelos en México. El Palacio de Moctezuma, el poderoso tlatoani mexica, está en Cáceres, Extremadura, en España, con su propio escudo de armas adornando la fachada.

En uno de los balcones del palacio de la Conquista en Trujillo, también en Extremadura está esculpido el rostro de Francisca Pizarro Yupanqui, hija del conquistador del mismo apellido. Por otro lado, entre los deudos de Tupac Amaru, encontramos a Manuela Tupac Amaru

Arce, quien peleó en los tribunales contra su sobrino Diego Betancurt alegando ser ella legítima descendiente del inca que el virrey Toledo sentenciara a muerte en el siglo XVI. En un bello cuadro escondido por siglos bajo una imagen del Señor de los temblores en Cuzco, aparece representada con detalles occidentales de ostentación y lujo como los escudos nobiliarios que revelan la realeza de su procedencia y la elegante vestimenta, mientras que, al mismo tiempo, aparecen elementos de raigambre inca como las sandalias que porta y de las que se asoman los dedos de los pies en alusión a sus orígenes.

Siglos antes, Francisco Pizarro, el malhadado conquistador del Perú, había enviado al emperador Carlos V, quince camisas decoradas con plumas azules, amarillas, blancas, rojas y violetas, que llevaban además botones y lentejuelas de oro. De igual manera, Hernán Cortés había enviado al mismo emperador piezas diversas y exóticas, parte del tesoro de Moctezuma y de obsequios que le había enviado el tlatoani, entre las que se encontraba un disco de oro labrado, joyas, jades y mantas ricamente decoradas, de las que solo se conservan las descripciones del cronista Gonzalo Fernández de Oviedo.

En efecto, la llegada a la corte de Bruselas, de dónde provenía el emperador, fue llenándose de curiosidades y objetos de colección provenientes de los más remotos rincones del imperio que denotaba la riqueza de las Indias tanto orientales como occidentales. Así, joyas, manteles, muebles "exóticos", botones, piedras preciosas y un sinfín de objetos suntuarios circulaban en Amberes, que en el siglo XVI era la principal ciudad de los Países Bajos y funcionaba como conexión internacional con los mundos ibéricos.

La pintura no fue la excepción. Bodegones como el de Jan Jansz van de Velde III, incorporan, junto a una jarra de cerveza, un tazón de porcelana chino en colores azul y blanco que rebosa granos de pimienta. El retrato del botánico Jan Commelin, vestido con un kimono japonés que se fabricaba especialmente para el mercado holandés, y quien aparece rodeado de sus libros con láminas que ilustran las plantas nativas de las Indias Occidentales, dan cuenta de la "planetarización" del comercio, el arte, la cultura, la economía y, por supuesto, el mestizaje en todos los ámbitos, entendido nuevamente como complejidad que va más allá de lo meramente racial.

Por otro lado, en Nueva España se desarrolló un arte muy peculiar que plasma los intercambios e influencias de las culturas europeas y prehispánicas, que el historiador Moreno Villa bautizó con el nombre de *tequitqui*. Con la derrota de los mexicas y la reconfiguración de un nuevo mundo, las formas de expresión y construcción también se modificaron. La llegada de las órdenes mendicantes para llevar a cabo la evangelización de los pueblos mesoamericanos está estrechamente ligada al desarrollo del *tequitqui*.

En primer lugar, los franciscanos, seguidos de dominicos y agustinos, se dieron a la tarea de dirigir la construcción de los espacios de culto y el ordenamiento del territorio con base en una concepción europea del espacio, lo sagrado y el orden. Poco a poco, las iglesias y conventos, primero de adobe y techumbre de palma, fueron dando paso a construcciones más sólidas e imponentes, siempre fabricadas por manos indígenas.

No fue sino hasta la segunda mitad del siglo XVI que albañiles y canteros españoles llegaron a América para dirigir las construcciones de iglesias, conventos, edificios de gobierno y casas. Mientras eso sucedía, los frailes dirigieron los trabajos de construcción realizados por los indígenas, que rápidamente mostraron una verdadera destreza para ejecutar obras en piedra y pinturas murales. Es ahí en donde se refleja ese arte, también llamado indocristiano, que mezcla motivos vegetales y animales que poseen reminiscencias del arte prehispánico y, a la vez, siguen técnicas y modelos europeos.

Las pilas bautismales como la del convento de Zinacantepec en el Estado de México o las portadas de cantería en las iglesias como Tecalli de Herrera, glifos o fechas en Huaquechula, la vírgula que representaba la palabra en los tiempos antiguos, símbolos del fuego, el movimiento y el agua, los *copillis* rematados como diademas de vírgenes y ángeles, así como los frescos de los conventos en Ixmiquilpan, Cuautinchán, Malinalco, Ocuituco, Oaxtepec y Tlayacapan, por mencionar solo algunos, dan cuenta de ello.

Antes del contacto con los españoles, los indígenas habían sido hábiles canteros desde siglos atrás, esculpían golpeando piedra contra piedra para modelar. Posteriormente, con la llegada del cincel —herramienta de metal que no se conocía en América—, la técnica de esculpir se modificó al tiempo que los modelos se copiaban de los libros que los frailes traían consigo. Asimismo, no hay que olvidar que la forma de expresión en Mesoamérica era pictográfica y no alfabética, como por ejemplo en las culturas mexica, maya y mixteca. Dicha manera de percibir y representar el mundo también tuvo una influencia en las nuevas formas de esculpir y pintar principalmente los conventos, que es donde se puede ver más claramente la confluencia de ambas culturas.

QUIEN BIEN COME Y MEJOR DIGIERE, SOLO DE VIEJO SE MUERE

Es bien sabido que la cocina es una de las formas más elaboradas de la cultura. Acto identitario se enraíza en lo más profundo de la conciencia y tiene implicaciones sociales, económicas y emocionales. No se trata solo de alimentarse, más allá de la nutrición, en el acto de comer se entretejen diversos códigos socioculturales, lazos comunitarios y la construcción de una serie de referentes y significantes que nos acompañan a lo largo de la vida.

En Latinoamérica, comer va mucho más allá de la simple alimentación, es un acto social importante que denota opulencia y prodigalidad. Mientras más familia y amigos se reúnan, mejor. Es común que cada comensal lleve algún platillo o incluso de una bebida (receta de la abuela ya fallecida o de una tía lejana). Aquí aparece la particularidad de que si la comida en un evento estuvo justa y no sobró, quiere decir que faltó.

Es posible constatar esta dinámica sobre todo en las fiestas que son infinitas, pues siempre hay algo que celebrar, como Navidad, Reyes, Candelaria, cumpleaños, aniversarios, bodas, bautizos y Día de Muertos en México, que también celebra el día de la secretaria, el del compadre, el del abuelo, el del niño, el del historiador y el del abogado, por mencionar solo algunos y no aburrir al lector. Todos ellos, salvo el de muertos, de raigambre occidental y aun esa festividad tiene más de occidental que de originaria.

Por otro lado, el acto de comer implica no solo la sociabilidad, sino también diversas acciones, posturas, elementos y objetos que no podemos desligar del momento de alimentarnos. Cosas tan prosaicas sin las cuales no nos imaginamos comiendo: Un vaso de vidrio, una cacerola de metal, un cucharón de sopa, un cuchillo de metal, un anafre, son utensilios que se mezclaron con los que se utilizaban en América, como las cazuelas de barro, las palas de madera o las canastas. No solo los ingredientes que se utilizan en la comida, sino también la forma de comerlos, sentados alrededor de la mesa, en casa o en un restaurante, de pie o incluso caminando en la calle.

En cuanto a los ingredientes, tomemos algunos ejemplos de comida típica mexicana: los tacos, que pueden contener literalmente cualquier parte de un animal: buche, nana, ojo, tripa, cachete, oreja; pastor, bistec, rajas con suadero, costilla, carnitas, queso y nopales. Todos se comen con salsa y todas las salsas llevan ajo, cilantro y cebolla, además de chile y jitomate o tomate verde. Ninguno de los tres primeros son originarios de estos lares. Ninguna salsa que se precie de ser de buena calidad puede prescindir de esos ingredientes.

Otro plato típico en México es la torta o lonche, como le llaman en el norte y occidente, que forzosamente está hecha con pan de trigo, aunque los ingredientes puedan variar. Dicho cereal también es de procedencia europea. Asimismo, los buñuelos, fritos en aceite y no en manteca de cerdo, son como el cabrito, un plato típico del norte mexicano, reminiscencia de la gastronomía judía que evita el consumo de cualquier animal de pezuña hendida y sus derivados como el tocino o lo manteca, por considerarlos impuros.

Vámonos con el pozole, que lleva además de maíz pozolero obviamente, chile guajillo o tomatillo dependiendo de la región, pollo o cerdo, rábanos, cebolla, lechuga, orégano y tostadas (hay quien les pone crema). De ese plato que se sirve con orgullo sobre todo en el día de la independencia, solo son originarios de América el maíz, el chile y el tomate verde. El resto son productos asiáticos o europeos que se fueron introduciendo a través de la llegada del galeón de Manila.

En otras latitudes de América del Sur, como Perú, la causa limeña, el ají de gallina o los anticuchos no serían posibles sin la mayonesa, la zanahoria, las especias y por supuesto, el pollo y la carne de res. En efecto, los cortes de res, la carne de cerdo, la manteca y la harina de trigo también fueron parte esencial de la dieta diaria en Chile, Colombia, Argentina, Uruguay, entre otros. El análisis de esta sucesión de platillos no quiere decir que la alimentación prehispánica era mala o subdesarrollada, por el contrario, pretende poner el foco de atención en los elementos que conforman platos y tradiciones cuya amalgama es imposible de separar o disolver. El anafre de metal que pensamos tan propio de la cultura gastronómica popular mexicana es en realidad un descendiente directo del brasero andaluz, ya que antiguamente las culturas mesoamericanas cocían sus alimentos cavando un hoyo en la tierra (tal y como aún se cocina la barbacoa en el estado de Hidalgo por ejemplo), envolviendo la carne en pencas de maguey, en un comal o hervida.

Las aguas frescas que acompañan la comida diaria o en los lugares de comida corrida (menú del día o precio fijo como también se les conoce) son por lo general horchata, jamaica, limón, melón o tamarindo, que son también frutas introducidas y que no se conocían anteriormente en América.

Por otro lado, en cuanto a las aportaciones de los productos americanos de alcances planetarios, encontramos por supuesto el tabaco, el cacao, la papa, la vainilla, el aguacate, la piña, el maíz y el jitomate. En menor medida, la papaya, la tuna, el ejote, la calabaza, el frijol y el chile o ají en sus infinitas variedades han ido penetrando otras gastronomías hasta hacerse también parte indisociable de platillos regionales en todo el mundo.

En América, ¿podríamos vivir sin vasos de vidrio? Seguramente sí. Podríamos vivir sin sillas ni mesas, también. ¿Podríamos vivir sin limones, ajos y cebollas? Probablemente no. En Europa ¿podrían vivir sin hamacas y sin papaya?, seguramente sí. ¿Podrían vivir sin papa, jitomate o cacao? Seguramente no.

En otro tenor, la alimentación europea hasta antes del contacto con América se componía de pan, vino, legumbres (habas y garbanzos, por ejemplo), verduras (cebollas, nabos, espinacas, berzas, zanahorias y lechugas, entre otros) y las preparaciones eran fritas en manteca o sazonadas en caldos, potajes y salsas. Para los más afortunados, un trozo de tocino para hacer una sopa más sustanciosa, caldo de res o de carnero, preferentemente y todo tipo de aves, perdices, gallinas, capones, en cambio, la carne roja, solo para unos pocos. Se sazonaba con especias como pimienta, canela, "culantro", azafrán, anís y jengibre, cuyos orígenes, lo sabemos, eran asiáticos.

Asimismo, hay que recordar que el 80% de la dieta de los europeos se basaba en los cereales como el centeno, el mijo, la cebada y para los más afortunados, el trigo. En cuanto al maíz, a pesar de su rápida penetración en Europa, siempre se consideró un alimento de pobres. Reservado únicamente para el sustento del ganado, los europeos se negaban a ceder a su consumo, siempre fieles al trigo que se asociaba con la hostia y, por lo tanto, con el pan sagrado. A pesar de esa negativa, la aparición de la pelagra en algunas regiones de España, como Asturias, en el siglo XVIII, revela un consumo del maíz más bien extendido. Dicha enfermedad no se produce en América debido a que el maíz que se consume está complementado con otros alimentos que contienen niacina como el cacahuate, el frijol y el aguacate.

Muchos religiosos y cronistas intentaron, con poco éxito, difundir los beneficios del consumo del maíz entre las capas populares.

Como el gusto o la necesidad de comer maíz se escondía, es difícil contabilizar su extensión, pero dado que el trigo era caro y los campesinos estaban en la escala social tan solo un poco más arriba de aquellos que vivían en la indigencia o pobreza extrema, es posible pensar que tanto el maíz, como la papa, salvó de la hambruna a muchos campesinos de la península ibérica, en tiempos aciagos.

Por otro lado, tanto en el arte como en la literatura, la representación del maíz en diversas obras pictóricas y tapices que pertenecen a las colecciones reales españolas, dan cuenta de la importancia que pintores como Peter Paul Rubens, Guiseppe Arcimboldo, Brueghel *el Viejo* y otros artistas, dieron a la planta americana en tanto la representaron junto a la granada, fruta de antiguas raíces y otros frutos en alegorías y mitologías sobre la abundancia y la riqueza. Asimismo, uno de los jardines botánicos más importantes de Europa, en Leiden, incluía ya al maíz en su catálogo, al igual que su homólogo sevillano. Por su parte, varios científicos escribieron tratados sobre el alimento americano, acompañados de detallados dibujos, e incluso prominentes figuras del siglo de oro español como Lope de Vega o Góngora lo mencionaban en sus escritos.

Por último, cabe destacar que la comida novohispana, antecesora de la mexicana, fue posible gracias a la inventiva de mujeres de todos los sectores sociales, indígenas, mestizas, mulatas, negras y españolas, quienes eran las encargadas de la preparación de la misma. Preparar las tortillas diariamente, acudir al mercado para comprar la comida y merienda del día, mezclar los ingredientes de temporada con lo que había a la mano o permitía la talega. Quizá no se habla tanto de esa influencia en la gastronomía, pues la damos por sentada. La mayoría de aquellas mujeres no sabían leer ni escribir de manera que el tiempo de cocción, de hervor o de batir se contabilizaba en padrenuestros y avemarías, y las recetas se realizaban al tanteo, experimentando, mezclando y aventurando; y se transmitían de boca en boca entre trabajadoras domésticas, esclavas, tortilleras, chocolateras, vecinas, parientas, comadres y monjas. Es decir, que es posible atisbar al universo femenino que se materializó en las diversas cocinas virreinales, espacio de acción único, poderoso y definitorio de las mujeres en la América hispánica.

NO IMPORTA TANTO LO QUE HAY SOBRE LA MESA, SINO LO QUE HAY SOBRE LA SILLA

En la Antigüedad, los bienes se dividían en muebles e inmuebles. Los primeros eran *movilis,* es decir aquellos que se podían mover de lugar como sillas, arcones, mesas, utensilios, herramientas e incluso esclavos, pues también eran considerados bienes muebles; mientras que los segundos eran aquellos que no podían trasladarse como una casa, un local comercial o una villa.

El mobiliario que nos rodea dice también mucho de quienes somos como sociedad, a qué damos importancia y los valores y códigos de conducta. El concepto de confort o comodidad es relativamente nuevo, es decir, del siglo XVIII. Desparramarse en un sofá para ver la televisión también es algo bastante reciente, de finales del siglo XX. Si observamos los muebles que tenían nuestros abuelos en la sala a ambos lados del Atlántico, recordaremos que eran elegantes, sencillos o bonitos, pero no podríamos considerarlos cómodos en absoluto y jamás se nos permitía subir los pies en ellos. Aún más, en algunos hogares, los niños no tenían permitido entrar o jugar en la sala.

Así podemos, a través del mobiliario, entender las jerarquías, los significados y los usos de algunos objetos. Tomemos por ejemplo la silla de caderas también denominada *jamuga*: un asiento de madera con respaldo y brazos, con patas de tijera que se plegaba y transportaba con facilidad, además de que servía para colocar sobre los aparejos del caballo y montar "cómodamente" a mujeriega, esto es con las piernas juntas y de lado y no a horcajadas. Su antecesora era la curul romana reservada a los magistrados, un asiento en forma de X con las patas y descansabrazos curvos. Al mismo tiempo, es también heredera de la cultura nazarí, ya que los musulmanes asentados en la Península Ibérica solían sentarse en el suelo y el mobiliario de asiento durante siglos fue más bien escaso. La fabricación de las mismas era diversa pues las había de maderas preciosas, taraceadas (con incrustaciones de hueso, plata, marfil y otras maderas de diferentes colores y texturas) y con asiento de cuero repujado o terciopelo. La taracea es una técnica que se desarrolló en los talleres de ebanistería cordobeses que durante el Califato Omeya produjeron objetos de excepcional belleza.

Desde finales de la Edad Media, hacia el siglo XV la silla de caderas era una pieza de distinción y preeminencia en Europa. Cuando los españoles llegaron a América no solo impusieron una religión única, otras formas de organización política, social y económica, sino también maneras diversas de demostrar poderío y estatus. Por ejemplo, sustituyeron las orejeras y narigueras de los caciques indígenas con la capa y el sombrero españoles. Pero no solo la vestimenta se modificó, sino también el modo de demostrar control y poder. Así, *verbigracia,* encontramos en gran parte de los códices fabricados por manos indígenas, los llamados *tlacuilos,* en el siglo XVI, la representación de estas sillas, siempre ocupadas por los conquistadores, encomenderos, religiosos o autoridades de gobierno como se puede apreciar en los códices *Yanhuitlán, Santiago Guevea, Durán, el Lienzo de Tlaxcala, la Tira de Tlatelolco, el Códice Huejotzingo* o *la Tira de San Juan Teotihuacán* por mencionar solo algunos. En las crónicas de la conquista, como la de Bernal Díaz del Castillo, se menciona la silla taraceada o de caderas que acompaña siempre a Hernán Cortés en los actos políticos y de solemnidad públicos. La usaban religiosos y corregidores para impartir justicia o dirimir pleitos de tierras, tributos o establecer jurisdicciones y límites.

Debido a que en Mesoamérica no se practicaban los oficios de carpintero ni ebanista, una de las primeras ordenanzas del cabildo para el gobierno y organización de la naciente Ciudad de México planteaba la necesidad de maestros diestros que fueran rigurosamente examinados y cuyos talleres reprodujeran aquellos objetos necesarios para los españoles como sillas, bancos, mesas, camas, baúles y puertas, entre otros. La silla de caderas fue modificándose y, a decir de algunos investigadores, también incorporaba elementos de origen taíno (es decir, de las Antillas). Con el correr de los siglos, devino en una silla denominada silla Campeche o *butaque* en alusión a la butaca (*butaque* en francés), ya que el puerto de Campeche, en el golfo de México, llegó a tener un nutrido comercio con Nueva Orleans; asimismo, dicho asiento se exportaba a La Habana, Cádiz y Málaga.

Para finales del siglo XIX y principios del XX, el butaque era considerado ya un mueble popular mexicano que la población mestiza y rural había adaptado a sus necesidades con peculiaridades en distintas regiones de México como Jalisco, Campeche, Yucatán y Oaxaca. Con respaldo de bejuco, madera trenzada, cuero, con brazos o sin ellos, lo cierto es que dicha silla es un ejemplo de los intercambios, mezclas, vínculos, modificaciones y adaptaciones que culturas muy diversas hicieron del mueble en cuestión hasta convertirlo en un exponente típico de mueble mexicano. De nueva cuenta es posible ver con claridad, como el mestizaje, es complejidad y no se circunscribe al ámbito racial o biológico.

Asimismo, para mediados del siglo XX, en cualquier casa diseñada por un arquitecto que se preciara de enarbolar los valores promovidos por el intelectual José Vasconcelos en torno a la identidad mexicana, contaba con sillas campeche o butaques entre su mobiliario. Dicha identidad mexicana fue construyéndose de forma muy sólida gracias a un amplio y sostenido programa cultural y político que también puede verse reflejado en el movimiento muralista cuyos exponentes fueron Diego Rivera, José Clemente Orozco y David Alfaro Siqueiros, artistas que plasmaron con enorme éxito ese proyecto de nación durante el período del nacionalismo posrevolucionario.

Por otro lado, los europeos también supieron aprovechar productos y prácticas locales. Diremos algo que parece una perogrullada, pero que conviene recordar para situarnos en un tiempo remoto en el que las horas y los días pasan con bastante lentitud. La única forma de conectar los continentes era surcando los océanos. La navegación, a pesar de lo rudimentario de sus instrumentos como el sextante, la brújula o el astrolabio, fue intensa y movilizó miles de personas, saberes y productos entre Europa, África, América y Asia por más de cuatro siglos. Por lo tanto, revestían una importancia vital tanto los rudimentos como los víveres que se embarcaran.

Así, uno de los primeros enseres que los españoles adoptaron para poder dormir a bordo de los barcos fueron las hamacas caribeñas. Fabricadas en forma de redes alargadas y atadas a dos árboles, permitían el descanso lejos de los bichos rastreros y del calor insoportable, permitiendo al mecerse y disfrutar sentir la circulación de la brisa. Ese mismo principio posibilitó que los marineros, en lugar de dormir en esteras o en el suelo, amarraran los dos extremos de la hamaca a los mástiles o arboladura de cubierta para tener una forma de dormir sencilla y que por la mañana se retiraba con rapidez, además de ocupar muy poco espacio, ser ligeras y fáciles de transportar, no impedían las maniobras de los mareantes. Dormir en cama, a pesar de ser una costumbre europea, era un privilegio, ya que eran muebles grandes, con dosel, tallados en madera, pesados y que ocupaban mucho espacio además de ser costosos. La mayoría tenía que conformarse con un jergón en el piso, así que la hamaca fue una solución de grandes alcances, al menos para los tripulantes.

Efectivamente, en América no se dormía en camas, sino en petates tejidos de palma o carrizal, directamente en el suelo de tierra. Dicha práctica también se trasladó a los barcos, ya que los petates eran como las hamacas, igualmente ligeros, enrollables y baratos.

Dejemos los muebles atrás, quisiera detenerme en un objeto que en unos cuantos años pasó de ser un arma de destrucción masiva a un componente esencial de las fiestas civiles y religiosas, cuyos rastros se perciben hasta hoy: La pólvora.

Sabemos, porque nos lo han repetido hasta el cansancio, el terrible impacto psicológico, pero sobre todo, mortal, que tuvo el uso de la pólvora en cañones y armas de fuego españolas entre los indígenas. Escenas de guerreros reventados por los disparos de artillería y las *pelotas* (balas de cañón) hombres, mujeres y niños aterrorizados por igual ante el estruendo ensordecedor, la destrucción instantánea, el resplandor, el extraño olor jamás antes percibido; un fenómeno que les resultaba absolutamente desconocido y, por lo tanto, sobrenatural. Dejando esas consideraciones de lado sin menospreciar su importancia, quisiera hablar de la forma en que la pólvora, ese material que había provocado la huida despavorida de cientos de habitantes de estas inmensas regiones, fue poco a poco integrándose en la vida cotidiana de forma tan inexorable que aún ahora es posible percibir su importancia y antigüedad. En primer lugar, tuvo una función utilitaria, pues se convirtió en material indispensable para la explotación de las minas tanto del Potosí como las del septentrión novohispano que dieron toneladas de oro y plata para la Corona española.

Por otro lado, durante los siglos de vida virreinal, no solo en las grandes metrópolis de la América hispánica, sino también en villas y pueblos, encontramos la pólvora en los fuegos artificiales como parte medular de festejos religiosos y civiles. Para nosotros los efectos especiales son parte de la vida diaria: desde un teléfono móvil, podemos retocar paisajes, cambiar fisonomías, integrar o borrar personajes, en fin, transformar nuestra realidad a tal punto que no nos sorprende que un héroe vuele, tenga garras afiladas, sea capaz de trepar por rascacielos o haga volar coches por los aires. Teniendo estas consideraciones en cuenta, remontémonos al pasado en el que los "efectos especiales" están íntimamente relacionados con lo divino y lo sobrenatural, es decir, con Dios, La Virgen María y toda la corte celestial. En un mundo que era mayoritariamente analfabeta, las formas exteriores, los gestos y las representaciones permitían la integración del mundo profano con el sagrado.

Los arcos triunfales que se fabricaban para la llegada de algún virrey o arzobispo consistían en cientos de flores, juncos, enramadas y troncos de árboles decorados con platos y utensilios de plata que reflejaban los rayos del sol, encegueciendo a la asombrada muchedumbre. Además de las imágenes, bultos y esculturas que se vestían lujosamente, cuajadas de diamantes, esmeraldas, perlas y rubíes, sobre todo de la Virgen María en tanto reina del cielo, un elemento importante de las festividades fueron los fuegos artificiales para los cuales el azufre y la pólvora eran elementos indispensables. Gigantes deformes que representaban a los herejes europeos como Lutero y Calvino, elefantes con ojos de fuego, ruedas, bombas y todo tipo de artificios explosivos y de color eran una forma de discurso, entretenimiento, pero también de pedagogía.

Actualmente, los fuegos artificiales en honor del santo patrono de algún pueblo o barrio de las ciudades son motivo de que durante la noche suenen sin parar los cohetes o cuetes, como se les llama ahora. Y aunque no es un elemento primigenio de los pueblos originarios, se han convertido en un símbolo incuestionable de las celebraciones patronales más visibles todavía en las festividades como la Virgen de Guadalupe, Nochebuena, conmemoraciones de las independencias, Año Nuevo y Domingo de Resurrección por mencionar solo algunas.

PALABRAS POR LA ESCRITURA, LO QUE HA DE OLVIDARSE PERDURA

Ríos de tinta han corrido en torno a los intercambios verbales de las huestes de Cortés con los mayas, totonacas, cholultecas, tlaxcaltecas y mexicas. En efecto, ¿cómo comunicarse con una civilización con la que no se tiene nada en común más que la guerra como parte medular de su existencia? Ni los gestos, ni las palabras, ni la relación con lo divino, ni los oficios, ni los referentes culturales. Nada. Más que comunicación verbal, tendríamos que hablar de incomunicación, malentendido, sobreentendido y un largo etcétera. Los regalos, por ejemplo, en el mundo prehispánico podían ser señal de tregua, de sumisión, de advertencia o de alianza. Así, Moctezuma envía constantemente regalos a Cortés, advirtiendo la pobreza que van a encontrar los españoles si siguen su camino hacia el corazón del imperio mexica. El *tlatoani* asegura que no hay mucho que ofrecerles, que mejor regresen por dónde vinieron. Pero los regalos, en lugar de desalentar el avance de los españoles, excitan la curiosidad y la codicia de Cortés, que hace caso omiso y avanza, encontrando efectivamente un panorama opuesto al presentado por Moctezuma en las pinturas y recados que le envía con sus informantes y espías. Una ciudad prodigiosa, rica, ordenada, limpia e increíblemente populosa, más que cualquier ciudad europea de aquel tiempo. Al encontrarse con Moctezuma, Cortés intenta abrazarlo en señal de paz y fraternidad, pero los hombres de Moctezuma lo detienen, pues consideran que el gesto es una afrenta.

En el caso de Atahualpa, el emperador inca, la escena del requerimiento también nos ofrece un cuadro que podría resultar cómico si no fuera por su dramático desenlace. El requerimiento era una fórmula legal mediante la cual, los españoles "notificaban" a los nativos sus intenciones y las consecuencias de no doblegarse a su dominio. Ya fray Bartolomé de las Casas había discutido la legalidad de dicho artificio, pero no me detendré en esa polémica que ha producido cientos de textos. En realidad, me interesa que el lector pueda imaginar a Atahualpa cuando se le presentó Biblia y cruz en mano un religioso para decirle que era voluntad del emperador Carlos V que la religión cristiana les fuera revelada al inca y a su pueblo para que pudieran salvarse, entre otras cosas. Viendo el objeto (la Biblia) en manos del fraile, Atahualpa receloso preguntó: "¿Quién lo dice?" El religioso respondió: "Lo dice Dios". El emperador inca insistió: "Cómo lo dice Dios?", el religioso respondió extendiendo la Biblia: "Velas, aquí escritas". El inca tomó la Biblia cerrada y se la acercó al oído, preguntando desconcertado: "¿No habla?". La abrió y hojeándola extrañado, esperando escuchar la palabra, en tanto la sociedad andina se sustentaba en la palabra hablada y no en la escrita, al no percibir sonido alguno, encolerizado, la lanzó al suelo. Tal gesto, en extremo afrentoso para los españoles, desató una verdadera masacre que acabó con la vida de cientos de hombres inermes que acompañaban al emperador que, a su vez, terminó preso.

Podríamos detenernos en innumerables anécdotas en ese tenor sobre las dificultades de la comunicación entre ambas culturas, pero basten esos ejemplos para ilustrar un fenómeno que está más cerca de lo complejo que de lo esquemático.

Poco a poco, los españoles fueron aprendiendo algunas palabras para comunicarse, mientras los indígenas trataban de adaptarse a ese nuevo orden de ideas. En efecto, el lenguaje, que es nuestra forma de estar en el mundo y comunicarnos con el resto de nuestros semejantes, es permeable y dinámico, incorpora palabras y va dejando en el olvido aquellas que caen en desuso.

Así, el español que es la lengua en la que discutimos si las disculpas que España le debe a México son pertinentes o no, ha incorporado a lo largo de los siglos diversos términos como es el de tiza, que originalmente es una palabra náhuatl que significa *tierra blanca*, mientras que acá utilizamos la palabra gis. Lo mismo con la palabra alberca, de origen árabe, que se utiliza en México en lugar de piscina, o *mesero,* que en España es una palabra totalmente en desuso que remite a los mesoneros del siglo XVI y en su lugar se utiliza camarero.

Asimismo, cuando los primeros pobladores europeos llegaron a las Antillas con Colón, rápidamente incorporaron palabras que no existían en España y que después utilizarían para referirse a la realidad encontrada en el inmenso territorio mesoamericano. *Caimán, barbacoa, hamaca, canoa, caguama, caoba* y *maíz* son algunas de esas palabras que aún hoy utilizamos sin saber que provienen de un mundo intermedio, de las puertas entre Europa y la América continental del siglo XVI. Los españoles que llegarán a la conquista de la América continental ya no hablan como sus coetáneos de la península ibérica, llevan varios años viviendo en La Española o en Cuba y han modificado paulatinamente su lenguaje obligados por la realidad que han encontrado en las islas.

Por otro lado, durante el siglo XVI, el náhuatl era la lengua franca en el inmenso territorio novohispano, mientras en la región de Yucatán se suscitó una "mayanización" de los españoles gracias a la crianza encargada a las nodrizas indígenas. Es decir, que los niños españoles crecieron escuchando palabras mayas que incorporaron a su lenguaje. Igualmente, en el Nuevo Reino de

Granada se encontraban caciques muiscas, mestizos y conquistadores españoles perfectamente bilingües. A su vez, en Perú la *lingua franca* era el quechua. Es decir que durante el primer siglo del dominio español, las lenguas que más se hablan, son las de origen prehispánico.

El caso de Pedro Arenas nos permite ahondar en esta realidad. Arenas, un español que quizá era comerciante, pues no sabemos con certeza su oficio, elaboró un manual en náhuatl para comunicarse con los indígenas, ya que el famoso vocabulario de Alonso de Molina le parecía demasiado erudito y voluminoso como para viajar con un ejemplar a cuestas. Arenas pensaba en algo más práctico que permitiera al usuario salir del apuro en los menesteres cotidianos. Así, el vocabulario que preparó intentaba facilitar el diálogo entre ambas lenguas, pues reconocía que en innumerables ocasiones él mismo se había visto en aprietos porque no le entendían y él tampoco encontraba la forma de comunicarse.

Así, el manual contiene fórmulas útiles como "palabras para saludar", "palabras de agradecimiento", "palabras que comúnmente se suelen decir para preguntar por alguna persona ausente", todo esto con la clara voluntad de abrir la conversación y promover el diálogo. Asimismo, incluye preguntas sobre el clima, palabras para designar a la lluvia, el viento y el granizo. Las partes que componen una casa, los muebles y los objetos de uso cotidiano, nombres de animales domésticos, de animales salvajes y "dañosos", venenosos y sabandijas, de aves, palabras que se usan para señalar con el dedo, para pedir que se mueva algo de lugar y palabras "en razón de llanto y tristeza", entre multitud de frases y palabras que nos permiten también conocer aunque sea parcialmente, algunas acciones, costumbres y relaciones de aquellos mundos lejanos. La lista es muy detallada y práctica, y la cantidad de reediciones que se hicieron de tan útil manual, da cuenta de la importancia que se dio a la comunicación entre el castellano y el náhuatl durante tres siglos.

Por otro lado, tanto en la Universidad de México, como en la de Lima, las primeras en la América continental, tenían sendas cátedras de lenguas indígenas, en las que se impartían náhuatl y tarasco y quechua y aymara respectivamente.

La división tajante entre dos mundos desconectados: por un lado, el español, por otro el precolombino, no solo es errónea, sino que de cumplirse hubiera imposibilitado la mutua comprensión y la construcción ideológica, religiosa y material de un mundo nuevo que fue lo que en efecto sucedió.

SI SE ALIVIÓ, FUE LA VIRGEN; SI SE MURIÓ, FUE EL DOCTOR

Hay cultos que trascienden el ámbito puramente religioso y se convierten en referentes incuestionables de la cultura popular y la tradición de una sociedad. Efectivamente, en México uno de los emblemas más trascendentes no solo en la esfera religiosa y espiritual, sino también en la cultural es, sin lugar a dudas, la Virgen de Guadalupe. A pesar de que los bandos entre aparicionistas y antiaparicionistas han debatido por siglos la autenticidad de los milagros y la veracidad del relato de la aparición de la imagen mariana, lo cierto es que su influencia se puede rastrear hasta los más diversos rincones del planeta.

Aquí no me enfrascaré en esa ríspida discusión sino que solamente hablaré de los datos históricos que rodean el relato de la virgen, sus comienzos, sus similitudes con los de otras imágenes marianas en España y la influencia indígena en el relato fundacional de las apariciones que con el correr de los siglos fue convirtiéndose en baluarte innegable de la identidad criolla y de la naciente "mexicanidad".

Más allá de la devoción que es un asunto enteramente personal y que por supuesto no está a discusión, me interesa rastrear los vestigios históricos que se nutren de ambas tradiciones: la española y la indígena y su devenir durante siglos hasta recibir el nombramiento, a principios del siglo XX de "Emperatriz de las Américas".

Desde tiempo inmemorial, en el mundo mesoamericano, los lugares habitados por los dioses y a los que los indígenas llevaban ofrendas y regalos estaban en los cerros. En el cerro del Tepeyac, los nahuas veneraban a Tonantzin, madre de la tierra.

A su llegada los doce franciscanos enviados desde España para cristianizar a los indígenas y que fueron la primera orden mendicante en pisar Nueva España (con excepción de los religiosos que acompañaron a Hernán Cortés en la Conquista), se dieron a la tarea de emprender la evangelización de cientos de miles de almas.

Así, utilizaron los métodos más diversos como el aprendizaje de memoria, los bailes (reminiscencia prehispánica), las procesiones, los castigos corporales, los sermones, las obras teatrales, las pastorelas, entre otras muchas actividades que buscaban penetrar lo más profundo de las conciencias para erradicar lo que llamaban idolatría y todo aquello que se asociara a los antiguos cultos como la antropofagia. Para conseguir tamaña empresa, aunque fuera de forma superficial, en un inicio forzosamente los frailes se sirvieron de la población local, pues hubiese sido imposible de llevar a cabo los bautizos y matrimonios de manera masiva por tan solo doce religiosos, por mucha devoción y empeño que pusieran en la monumental tarea.

Entre esas iniciativas evangelizadoras, se sustituyeron los cultos prehispánicos en los cerros, considerados idolátricos con la devoción cristiana. De ahí que muchas iglesias en México se encuentren en lo alto de un cerro, como es el caso del Señor de Ocotlán, en Tlaxcala, Nuestra Señora de los Remedios sobre la pirámide de Cholula y, por supuesto, la Virgen de Guadalupe en el cerro del Tepeyac, que pasó a sustituir a Tonantzin.

En efecto, el cerro del Tepeyac era un lugar de peregrinación desde tiempos prehispánicos, en donde se veneraba a Tonantzin junto con Ometeótl que formaban la dualidad de dioses primigenios. Muchos peregrinos venían desde lugares remotos y ofrecían cantos y danzas a la deidad que habitaba aquel cerro sagrado. Dicho lugar fue conocido por los españoles antes de la conquista, pues ahí se refugiaron en su huida en la Noche Triste-Victoriosa y posteriormente Gonzalo de Sandoval, uno de los más fieles capitanes de Cortés, estableció ahí su campamento en el asedio a la ciudad de Tenochtitlan.

La historia comienza en la segunda semana de diciembre, diez años después de la caída de

Tenochtitlan ante las huestes españolas y sus aliados indígenas.

Cuando los mexicas se rindieron, y poco a poco fueron estableciéndose nuevas formas de sociabilidad, de piedad y de veneración, los franciscanos establecieron en el antiguo cerro un santuario dedicado a la virgen María. Aunque no se sabe con certeza la fecha de la construcción de aquella casa de Dios, lo cierto es que sucedió entre 1523 y 1530.

En aquellos primeros años de evangelización, la virgen de Guadalupe fue venerada mayormente por la población indígena, mientras que los españoles veneraban a la Virgen de los Remedios, que fue la primera imagen que los españoles presentaron a los nativos.

Algunas décadas después, los franciscanos comenzaron a sospechar que las prácticas idolátricas continuaban a pesar de la fervorosa evangelización que habían emprendido cincuenta años antes. Los indígenas seguían llevando ofrendas al cerro y no a otros santuarios marianos, con lo cual sus almas peligraban porque caerían en uno de los pecados más graves, el de la herejía. Incluso para uno de los más destacados franciscanos de aquel tiempo, fray Bernardino de Sahagún el culto guadalupano era una "invención satánica para paliar la idolatría", pero a pesar de las sospechas de aquellos recelosos franciscanos, la devoción fue creciendo, impulsada también por los jesuitas y para finales del siglo XVI acudían a escuchar misa y hacer penitencia españoles, así como indígenas, mestizos, ricos y pobres, es decir todos los grupos sociales participaban con entusiasmo del culto, algunos descalzos, otros andando de rodillas, acudían en peregrinación y donaban limosnas importantes.

El éxito de la ermita se sostenía sobre la creencia de que la advocación mariana obraba milagros como terminar con la terrible peste de 1554, curar a los enfermos y salvar la vida del hijo de un regidor de la capital novohispana que se había caído del caballo.

En cuanto a la imagen, no era una copia de su homóloga extremeña, que es una virgen negra tallada en ébano con el Niño en brazos. La Guadalupana como se le denomina cariñosamente, es una representación libre de la advocación de la Inmaculada Concepción, sin el Niño, de forma que, según algunos especialistas, no es la misma devoción, pues únicamente comparten el nombre. En efecto, la virgen novohispana recuerda a otras representaciones flamencas, españolas y alemanas y en particular un grabado de la Virgen *in glorie*, actualmente en Berlín.

Las teorías de por qué se denominó así al santuario del Tepeyac son muy variadas, pero la que resulta más plausible es que los conquistadores en su mayoría extremeños, eran devotos de la Guadalupe española. Era una costumbre española imponer un toponímico español a un lugar indígena.

A la mayoría de las imágenes consideradas milagrosas en España se les atribuía un origen apostólico o el resultado de un milagro. Por ejemplo, Nuestra Señora de Guadalupe en Extremadura había sido esculpida por el evangelista san Lucas y después enviada por el papa Gregorio a San Leandro. Posteriormente, fue escondida en Extremadura tras la invasión de los moros, para finalmente ser la propia Virgen María quien revelara su paradero a un pobre pastor, pidiéndole la edificación de una ermita en su nombre.

Por otra parte, la virgen del Pilar, patrona de España y emblema patriótico a su vez, se había aparecido a Santiago el hijo de Zebedeo, para decirle que edificara en su nombre una iglesia, dejando una pequeña estatua suya de madera coronada sobre un pilar de jaspe. La virgen del Pilar era esencial, pues la diócesis de Zaragoza era la tercera en ser fundada solo después de Jerusalén y Antioquía, lo que le proporcionaba un rancio abolengo en términos fundacionales, devocionales y de fomento a las peregrinaciones.

Con el correr de los siglos y el impulso de los jesuitas encargados de la educación de las élites criollas, el culto a la guadalupana adquirió proporciones enormes, con marcados tintes de orgullo por lo propio, en tanto excepcional, pues la virgen se había pintado o estampado a sí misma. Posteriormente, en el siglo XVIII, ante el embate de una terrible epidemia que asoló a la Ciudad de México, de todas las advocaciones marianas a las que se les dedicaron rogativas, procesiones y oraciones, Guadalupe resultó ser la más efectiva.

En la guerra de independencia, los estandartes de la Virgen de Guadalupe, baluarte de los rebeldes, y de la Virgen de los Remedios, emblema de los conquistadores y después de los realistas, eran enfrentadas en batalla y sabemos quién de ellas resultó victoriosa.

El relato de la Virgen de los Remedios, merece que nos detengamos un poco. Es una pequeña talla de madera estofada traída por algún soldado de Cortés durante la conquista y escondida bajo un maguey en la huida de la Noche Triste-Victoriosa en algún lugar cerca de Totoltepec. Años después la encontró un indígena llamado Juan Ce Cuautli quien avisó a los franciscanos que no le dieron mucha importancia. El hombre se llevó la estatuilla a su casa que le ordenó construir un santuario en su honor, cosa que Juan obedeció. En un accidente que lo puso en peligro de muerte, la virgen lo curó e hizo otros milagros, por lo que su fama se extendió por todos los rincones de Nueva España. Su santuario se edificó en lo que antiguamente fuera un cerro en el que se pedía al dios de la lluvia su acción para el cuidado de la siembra y cosecha. Durante el período virreinal siguió siendo considerada intercesora contra las sequías y hambrunas y se le llama cariñosamente "La Gachupina". Ahora, el templo donde se resguarda la imagen recibe a unos diez mil peregrinos en el día de su celebración, lo cual es poco en comparación con los que acuden a la Basílica de Guadalupe. En México, casi nadie se llama Remedios, pero casi todos tenemos un pariente, ya sea hombre o mujer, que se llama Guadalupe.

Otra historia tiene la Virgen de Copacabana, quien, al contrario de la advocación de Guadalupe, hace un viaje a la inversa, desde el virreinato de Perú, cruza el Atlántico para afincarse en diversas copias de la imagen en Madrid además de Colombia, Perú, Panamá, Venezuela y Argentina. Tal virgen es una de las imágenes marianas de culto más amplio y difundido en el mundo hispánico. Aunque la más famosa de dichas imágenes se encuentra actualmente en Río de Janeiro, la historia de sus homólogas, las dos Guadalupes y Pilar, es distinta. En efecto, la Virgen de Copacabana se ubica en un santuario a orillas del lago Titicaca, antiguamente del virreinato del Perú y actualmente en Bolivia.

Como otros santuarios prehispánicos, el emplazamiento original funcionaba para rendir culto al Sol mucho tiempo antes de la llegada de los españoles. El santuario, bajo la regla de los agustinos, hizo de la Virgen la propaganda de que era emblema de la conquista y del triunfo sobre la idolatría.

La imagen original había sido una copia de la advocación de la Candelaria fabricada por un inca vencido y convertido al cristianismo, llamado Tito Yupanqui quien encarnaba al personaje ignorante y rústico, pero devoto. Según la leyenda, sus primeros intentos habían dado como resultado imágenes feas y torpes, con lo cual, la imagen fue arrinconada en la iglesia. Yupanqui acudió a Potosí a aprender el oficio de escultor y buscando inspiración, la encontró en la virgen de la Candelaria que es la advocación de María al entrar al templo para su purificación después del parto tal y como lo mandaba la ley judía.

Según el relato, finalmente Dios intervino para modificar la imagen de la virgen, mientras que ésta misma intervenía a su vez para modificar la imagen del Niño Dios. La metamorfosis dio como resultado una virgen cuya imagen de esplendor y belleza, fabricada en maguey y con algunas reminiscencias incaicas, fuera denominada "Portento del Nuevo Mundo". Se la tenía por milagrosa, pues casi de inmediato comenzó a curar enfermos y era intercesora ante desastres naturales y malas cosechas. En el siglo XVII, una copia fiel de aquella virgen viajó a Madrid, donde fue primero objeto de devoción de los indianos que vivían alrededor de la corte, resolviendo pleitos, pidiendo mercedes, pagando favores y añorando aquello y a aquellos que habían dejado en América.

La capilla y el convento agustinos que resguardaban la imagen fueron demolidos en el siglo XIX y se ubicaban en donde ahora se encuentra la Biblioteca Nacional de España. La imagen original también se perdió, pero el culto se extendió durante el reinado de Felipe IV y Carlos II, incluso Calderón de la Barca poseía una imagen portátil de dicha virgen.

Es cierto que las diversas órdenes religiosas competían entre sí para establecer la preeminencia de quién poseía la imagen más milagrosa, el mártir más entregado, el santo más poderoso. El caso de Santa Rosa de Lima y San Martín de Porres oriundos también del virreinato peruano, cuya devoción fue impulsada por los dominicos, a la par de la veneración de Felipe de Jesús, primero beato y después primer santo novohispano, martirizado en Nagasaki junto con otros religiosos a principios del siglo XVII, dan cuenta de ello.

En un mundo en el que la laicización de la esfera política y del discurso social ha dejado todo rastro de religiosidad a un lado, a veces nos cuesta comprender a cabalidad el significado que Dios y la corte celestial tenían para los hombres y mujeres del Antiguo Régimen. En efecto, la devoción a diversas advocaciones era parte medular de la vida cotidiana: la creencia en los milagros, la esperanza de curarse de una dolencia, de sobrevivir a un viaje o travesía peligrosos, de recuperar lo perdido, es decir de una potencia rectora encarnada en Dios que creaba un equilibrio y cuya corte celestial junto con la virgen proporcionaban el eje rector sobre el cual giraba el mundo.

Y en el fondo, para muchos, eso no ha cambiado. La basílica de Guadalupe en la Ciudad de México recibe anualmente cada 12 de diciembre alrededor de 12 millones de peregrinos de todas las edades, géneros y procedencias sociales. La Comunidad de Madrid, tiene poco más de 7 millones de habitantes, solo para que el lector pueda darse una idea del tamaño del fenómeno guadalupano.

PUTAS Y TUERTOS,
TODOS ESTAMOS REVUELTOS

En este último apartado quisiera resaltar el aspecto más importante de los ejes que cruzan este texto y que está en el centro de esta reflexión: Las personas del pasado, los vínculos que tejieron, las relaciones de afecto, compadrazgo, complicidad e interés, pero también los enconos y las enemistades que dieron forma a los dominios de la Corona desde Nuevo México hasta la Patagonia incluyendo Cuba, República Dominicana y las Filipinas.

En efecto, en la multiplicidad de casos que se pueden encontrar a lo largo de toda la América hispánica, dan cuenta de las negociaciones, intercambios y la mezcla que significa complejidad entre los diversos grupos sociales que participaban de aquellos encuentros y desavenencias.

Algunas visiones que han preponderado durante siglos y que no solo son arcaicas sino además inexactas, señalan dos bloques monolíticos incapaces de vincularse entre más allá del abuso, la explotación, el sometimiento y la resistencia. Por una parte, los pueblos originarios inermes, por el otro, los españoles crueles. Tal división no solo ignora a otros componentes sociales insoslayables de la población como son los afrodescendientes y los asiáticos, aunque en menor medida, sino también las peculiaridades que cada uno aportó a la sociedad virreinal. La convivencia y mezcla de tales grupos fueron inevitables debido a factores muy diversos.

Por un lado, la escasez de mujeres españolas con relación al resto de la población, mayoritariamente indígena. Por el otro, la presencia de esclavos con los que se buscó subsanar la falta de mano de obra indígena en obrajes, trapiches, minas, pero sobre todo para el servicio doméstico. En efecto, negros y mulatos de ambos sexos se desempeñaban como cocheros, mayordomos, vaqueros, nanas, cocineras, nodrizas y acompañantes, tales dinámicas hacían indispensable su presencia en las casas de los españoles, donde vivían ya fuera en cuartos aparte para quienes podían darse el lujo de tener aposentos para la servidumbre, en muchos casos, compartiendo la misma habitación con sus amos o patrones. Contrario a lo que podría pensarse, no todos los españoles eran ricos y en algunos casos lo "único" que poseían era un esclavo al que rentaban para que con el jornal ganado los mantuviera.

Lo que atraviesa las relaciones de los habitantes de los virreinatos, audiencias y capitanías americanos es la oscilación entre la prohibición y la permisividad, entre la ley y la infracción, entre el amor y el odio, la obediencia y la rebelión. Un vaivén de opiniones, quejas, nombramientos, intrigas y complicidades surcaban ambos océanos. Las contradicciones propias del ser humano no eran una excepción en el mundo de aquellos variopintos personajes que habitaban la mayor parte del continente americano, desde el septentrión novohispano hasta la Patagonia.

En efecto, aquel *Nuevo Mundo* estaba conectado de maneras diversas; la navegación y, por ende el comercio, movilizaban personas, mercancías, ideas de Europa a Asia y de regreso. En esa conexión, América era el punto neurálgico y especialmente los puertos de Veracruz y Acapulco en Nueva España y, en menor medida, el Callao, en Perú. Es posible encontrar piratas y contrabandistas mulatos, sacerdotes disfrazados que se escabullen por las noches para pasar un rato en la taberna, mujeres que denuncian a sus maridos porque no cumplen con el "débito conyugal", maridos que denuncian a sus esposas porque les han echado un maleficio, indios que acusan a españoles de maltratarlos, autoridades que se enriquecen de forma ilegal, japoneses que conocen las formas de plantar cocoteros en la costa del Pacífico novohispano, españolas pobres que lo único que les queda es ejercer la prostitución en los puertos, mulatas que poseen esclavos y esclavos que saben leer y escribir, que también tocan la guitarra y cantan, mestizos que huyen de la Inquisición refugiándose en los pueblos de indios mientras alegan ser naturales e incluso hablan en náhuatl para intentar despistar a los inquisidores. Otros que son negros libres e incluso fueron conquistadores, pues llegaron con Hernán Cortés. Es el caso de Juan Garrido, quien erigió la ermita de san Hipólito después de la Noche Triste-Victoriosa para recordar a los españoles muertos aquella noche. Garrido introdujo el cultivo del trigo tan necesario para el sustento de los españoles y después indispensable para todos los sectores sociales que rápidamente se aficionaron al pan. Años después sería el encargado de vigilar que el agua potable que llega a la Ciudad de México no fuera contaminada por los cerdos que vagan libres por la capital novohispana a pesar de las reiteradas ordenanzas que pretendían obligar a los dueños de piaras a guardar a sus animales en corrales a la puesta del sol.

Desde Nueva España y hasta el virreinato de la Plata, pasando por lo que actualmente es Perú, Bolivia, Colombia, Honduras, Guatemala, Paraguay y Venezuela, encontramos uniones ilícitas entre españoles y negras, indias y españoles, indios y mulatas; y a pesar de que el amancebamiento era un delito, la multiplicidad de casos dan cuenta no solo de la permisividad de las autoridades a pesar de las prohibiciones, sino también de la permeabilidad de los distintos grupos sociales por encima de las jerarquías y calidades.

Contraer matrimonio no estaba al alcance de todos. Las mujeres debían aportar una dote, los hombres tener el dinero suficiente para mantener una familia, pues procrear era el fin último de los contrayentes. La mayoría de la población, o no tenía el caudal necesario para casarse, o no le importaba. Entre los que se consideraban delitos sexuales se encuentran implicados hombres y mujeres de procedencias muy diversas. Era frecuente que durante años vivieran juntos "compartiendo la cama y la mesa", como se decía para señalar que hacían vida maridable, hasta que algún vecino rencoroso, un cliente vengativo o un pariente entrometido, los acusaba a las autoridades de vivir amancebados.

Por otra parte, uno de cada tres hombres permanecía soltero. El adulterio no fue infrecuente, ni privativo de un solo sector social. Tanto la bigamia y como la poligamia también estuvo presente, a pesar de los esfuerzos de la Inquisición por erradicarlas. Llama la atención que la poliginia (práctica entre las culturas prehispánicas que consistía en que un hombre podía tener varias esposas o concubinas), prevalece hasta hoy, al menos en México.

Hay hombres que tienen dos y hasta tres familias con hijos de edades parecidas y el entuerto solo se descubre cuando en el funeral del polígamo aparecen varias viudas llorosas. En otros casos, "el segundo frente" o "la casa chica" como se le denomina a la segunda familia está enterada de la situación irregular y también es frecuente que la esposa legítima sepa de la infidelidad.

Regresando al pasado, recuperamos casos de hombres que marchaban para hacer fortuna y pronto olvidaban a su esposa en España al encontrar un mejor partido en estos lares o, por el contrario, una mujer que habiendo llegado a América y habiéndose ausentado su marido por mucho tiempo, contraía nupcias con otro sujeto. Hombres que dejaban a la esposa en la capital y se iban a probar fortuna en los reales de minas donde siempre escaseaba la mano de obra o los servicios, mujeres que huían de un marido que las golpeaba y buscaban la protección de un cónyuge más a su gusto. Al ser descubiertos por algún viejo conocido o por el esposo olvidado, los acusados fingían sorpresa y alegaban creer que el otro había muerto, pues no respondió jamás a sus cartas, recados o exigencias y no había recibido noticias suyas durante años. Mientras el asunto se resolvía, la Inquisición metía preso al infractor. La sentencia, por lo general, incluía azotes o multas. Finalmente, contra su voluntad, la o el bígamo debía abandonar a su nueva pareja y regresar con la primera que era la única considerada legítima a ojos de la iglesia y las autoridades.

Por otro lado, algunos ejemplos nos permiten acercarnos a otras dinámicas comunitarias o corporativas que involucran a grupos sociales considerados marginales, y veremos cómo fueron capaces de tomar las riendas de su destino y buscar alternativas a situaciones desventajosas.

Sabemos que piratas, corsarios y filibusteros dieron serios dolores de cabeza a la Corona española con el pillaje perpetrado sobre los puertos americanos y los galeones cargados de plata y mercancías diversas. La pérdida de varias islas a manos de los anglosajones ocasionó un declive en los actos piráticos, pero no en los conflictos entre ambas sociedades que tenían modos muy distintos de tratar con su entorno.

Así, a finales del siglo XVIII, las disputas territoriales en la región del Gran Caribe o circuncaribe, específicamente entre Bacalar y Walix (actualmente Belice), enfrentaron a ingleses y españoles. Tal suceso nos permite atisbar a una situación que, aunque parece una anomalía, era más bien frecuente y que colisiona con el estereotipo del esclavo incapaz de modificar su presente, su condición y su futuro, víctima del abuso y sometimiento totales que lo dejaban inerme.

Después de correrías piráticas, tratados de paz, invasiones y alianzas con tribus locales, los ingleses obtuvieron el derecho de explotar los recursos en parte de la península de Yucatán, territorio largamente deseado por su ubicación estratégica y recursos naturales. Para lograrlo, los ingleses introdujeron varias centenas de esclavos para trabajar como cortadores de palo de tinte, pero los esclavos nunca aceptaron de buen grado su condición y se rebelaron en varias ocasiones hasta que huyeron a territorio español. En un tiempo en el que el secretismo, el espionaje y la delicada situación mundial eran el orden del día, la información que poseían los esclavos resultó ser de capital importancia para los españoles. En efecto, un grupo de entre 300 y 400 esclavos prófugos o cimarrones, como se les denominaba, de todas las edades, huyeron a los dominios españoles, por selvas y ríos, y algunos se casaron con mujeres mayas. Asimismo, al litoral de la provincia de Honduras llegó un grupo de 39 esclavos prófugos que consiguió alcanzar el establecimiento de Río Tinto, donde solicitó amparo, bautizo y vasallaje al rey. Los esclavos evadidos dieron testimonios e informes muy valiosos para la última expedición de desalojo de los ingleses por parte de las autoridades novohispanas. Asimismo, dan cuenta de un saber profundo de la realidad geopolítica del momento, su conocimiento sobre los soldados, fuertes, barcos, regiones y planes de sus amos, a pesar de estar en el último peldaño de la escala social, convirtiéndose de manera consciente en agentes de cambio.

En otra región del imperio español, no tan lejana del Caribe, echemos un vistazo a las relaciones que vincularon a los españoles con los indígenas de Louisiana. Territorio pantanoso, en más de un sentido, había sido ocupado por franceses que establecieron más que una política de colonización, una estrategia de intercambios con los pueblos originarios de la región, a quienes compraban pieles de venado a cambio de artículos europeos. Después de algunos vaivenes políticos, guerras, tratados y alianzas, el territorio pasó a manos de España.

A diferencia del poblamiento y pacificación de otras regiones de América, el modelo español adaptó el sistema de intercambio comercial y cultural, de negociaciones y de organización de congresos con las tribus locales. Dicha estrategia les permitió mantener a raya a los ingleses que insistentemente buscaban hacerse con el control y el comercio de las pieles, que resultó ser un negocio muy lucrativo. Más que una relación de sometimiento, los españoles entablaron un vínculo de igualdad con aquellas tribus que tenían sus propias diferencias y rencillas entre sí, ya que de no ser por las peleterías, los españoles difícilmente sobrevivirían en terrenos tan hostiles, así que en esas circunstancias las jerarquías tradicionales podían dejarse a un lado a fin de mantener no solo las relaciones comerciales, sino más importante aún, la vida.

Finalmente, después de la independencia de las Trece Colonias, los norteamericanos lograron pactar con los indígenas y expulsar a los españoles, pero ese breve período de convivencia da cuenta de cómo los modos de vinculación, aprovechamiento y supervivencia tanto de españoles como de los pueblos originarios fueron dinámicas y flexibles y se adaptaron a circunstancias y entornos diversos.

Por otro lado, nos trasladamos a las lejanas islas Filipinas, que recordemos eran parte esencial del Imperio Español (Cristóbal Colón, Juan de la Cosa, Hernando de Magallanes, Jofre de Loaysa, Sebastián Elcano, junto con cientos de hombres esperanzados en alcanzar fama, gloria y riqueza, habían intentado encontrar afanosamente la ruta más corta de la especiería. El frenesí de la búsqueda por hacerse del comercio de la pimienta, el clavo, el azafrán y la canela; les arrebató la vida de formas espeluznantes.

El mismo Hernán Cortés instaló un astillero en Acapulco para intentar la navegación por el Pacífico, pero nunca pudo ejecutar ese proyecto que terminó también de forma desastrosa para sus bolsillos.

La dinámica social en aquellas islas tan remotas y tantas veces soñadas por aventureros, comerciantes y monarcas, aunque parezca extraño, no era tan distinta del resto de los territorios dominados por la Corona española. Los españoles se casaban con mujeres de la élite local, como lo habían hecho en Perú y Nueva España. Tal fue el caso de Diego de la Paz, teniente de alcalde mayor en la laguna de Bya que contrajo matrimonio con Doña Angelina Libongcate y organizaba partidas de naipes a las que asistían personajes de procedencias diversas como el filipino Don Nicolás Cabunglag, un japonés llamado Yayos y otro español de nombre Diego.

Otro ejemplo de los alcances planetarios del movimiento de personas, religiones, culturas, y comercio y la transversalidad de las relaciones, es el de Alexo de Castro. Hijo de un gallego y una princesa de las Molucas cuyo nombre cristiano era Felide Deza y había sido bautizada bajo la dominación portuguesa. Alexo aprendió a leer y escribir con los jesuitas, se casó con una india de Bengala llamada Ynés de Lima, cuya hija, Felipa, se casó con un soldado español y al enviudar, con un sevillano. Alexo sirvió veinte años como soldado en la India, después vivió quince en una isla de las Molucas llamada Ternate. A mediados del siglo XVII fue acusado ante el comisario inquisitorial de seguir prácticas islámicas. Enviado a la Ciudad de México, fue condenado a pasar el resto de su vida en un convento. Tenía 82 años. El resto de su vida probablemente no fuera ya muy larga.

El comercio entre Manila a través de su puerto en Cavite y Acapulco en Nueva España en el que la primera enviaba sedas, porcelanas, marfiles, canela, pimienta y biombos y el puerto novohispano mandaba de vuelta el "situado" (impuesto con el que Nueva España sostenía a las islas asiáticas) provocó no solo el intercambio de mercancías sino también de saberes, personas y prácticas culturales. A comienzos del siglo XVII habitaban la capital filipina unas 500 familias españolas.

La ciudad, trazada a damero según la concepción del espacio que se había impuesto en otras ciudades de América, utilizó el bambú, la madera y la palma para la fabricación de sus edificios. Dichos materiales eran fácilmente inflamables y sucumbieron varias veces ante el fuego abrasador de una antorcha mal colocada o un fogón desatendido.

Durante varias décadas, incluso los ladrillos eran enviados desde Nueva España por la falta de maestros, albañiles calificados y materiales para su elaboración, lo que hacía que los galeones, urcas y naos fueran aún más pesadas, y su avance más lento. Al igual que América, Filipinas no se salvó del asedio pirata, sobre todo holandés, que esperaba pacientemente a que los barcos zarparan con las preciadas mercancías para desvalijarlos.

A su vez, aunque Perú había quedado fuera del comercio con Manila de forma oficial, seguía soñando con el Pacífico sur y las tierras australes. El tamarindo, el mango, las sedas y mantos bordados, los marfiles y las porcelanas eran tan apreciados como en Nueva España y un intenso contrabando permitió que aquellos productos desembarcados en Acapulco lograran llegar a tierras peruanas.

En efecto, la mezcla de grupos humanos era la regla en las islas: la diversidad fue enorme. El puerto filipino recibía marinos, españoles de la península, de Nueva España y de Perú, aventureros, pícaros, religiosos, burócratas, comerciantes y pasajeros de procedencias muy diversas: negros y mulatos, tanto libres como esclavos, mestizos, indios tlaxcaltecas, castellanos, portugueses de la India y Macao, penitenciados por la Inquisición novohispana, criminales sentenciados, contrabandistas, que se mezclaron con distintos grupos nativos del archipiélago como los malayos, chinos e incluso japoneses.

En efecto, los chinos se convirtieron en la población más numerosa y pasaron de ser un millar a veinte mil en el curso de unos 30 años, lo cual despertó suspicacias entre las autoridades tanto civiles como religiosas, por lo cual se decidió que fueran agrupados en el barrio del Parián. Ese mismo nombre recibiría el mercado ubicado en la plaza central de la Ciudad de México, en tanto se ofrecían ahí, los diversos productos suntuarios que llegaban en el galeón de Manila a Acapulco.

Pero solo una parte de los chinos, llamados también sangleyes estaba cristianizada para alarma de los agustinos que administraban aquella diócesis. La presencia de otros grupos que hablaban lenguas distintas como el bisaya y el tagalo complicaban la evangelización. A esto se sumaba la llegada de moriscos burneos, es decir, naturales de Borneo, que habían introducido el islam a las islas. La tolerancia religiosa se hizo indispensable para mantener el comercio y los intereses de mercaderes españoles y japoneses. Algo que resultaba impensable en la América continental.

Instituciones educativas y hospitalarias formaron parte de la vida de los filipinos, tal y como sucedió en los virreinatos hispánicos. El Colegio de San Ignacio, fundado por los jesuitas, tenía como misión enseñar gramática y formar jóvenes para el sacerdocio en un tiempo en el que la preocupación medular del imperio español era la amenaza hereje. Por otro lado, la Universidad de Santo Tomás, fundada por los dominicos a principios del siglo XVII, es la más antigua de Asia.

También encontramos los rastros del *peyótl* o peyote, prohibido por la Inquisición era una "hierba" *sic* que utilizaban los indígenas de la región de Nueva Galicia por sus propiedades alucinógenas y que fue llevada a las Filipinas por algunos soldados mestizos. La afición a las corridas de toros, tan populares en la Península Ibérica y en los virreinatos americanos, también se difundió con rapidez.

Entre los mártires de Nagasaki, en Japón destaca el primer santo novohispano, Felipe de Jesús, su entrega, devoción y martirio conmovieron a los habitantes de Nueva España y su periplo quedó inmortalizado en los frescos que aún se conservan en la iglesia de Cuernavaca, en el actual estado de Morelos.

EL TIEMPO PASADO MUCHO TUVO DE BUENO Y MUCHO DE MALO, EL PRESENTE DE TODO TIENE Y EL QUE VENDRÁ DE TODO TENDRÁ

El ocaso de una civilización, el fin de un mundo, con sus pérdidas, duelos y derrotas, da siempre paso a uno nuevo, distinto, pero que para poder sostenerse, tiene necesariamente que conservar las ruinas de su antecesor para poder construirse.

Las conquistas, desde Alejandro Magno hasta el surgimiento del imperio romano, de las invasiones de godos, suevos y germanos, a la de los musulmanes en la península ibérica se efectuaban a sangre y fuego. El saqueo y la rapiña eran parte del botín de los conquistadores. Si se resistían, las aldeas eran asoladas, si cooperaban, quizá podrían mantener una forma local de gobierno y algunas tradiciones. Lo mismo sucedió con las civilizaciones prehispánicas en América, entre las cuales destacamos Mesoamérica, Aridoamérica y la cultura incaica.

Más a allá de la depredación, la dramática caída demográfica de la población nativa, la pérdida de tradiciones y religiones ancestrales, que en efecto sucedieron, lo cierto es que los españoles tuvieron que conservar estructuras de control político y social, establecer vínculos ya fuera conyugales, de compadrazgo o simplemente económicos y políticos con las élites locales que les permitieran la dominación de un extenso número de habitantes. La suplantación del politeísmo por un monoteísmo que no admitía la heterodoxia religiosa se hizo paulatinamente, con tropiezos y obstáculos diversos y no siempre de la forma más tersa, homogénea ni totalmente exitosa.

La conquista de América fue un fenómeno que cambió para siempre, de forma irremediable e incontestable, el mundo como se conocía. En el ámbito cultural, religioso, económico, político y social, el mundo se transformó dando paso a relaciones e intercambios, que nutrieron el arte, que "acortaron" las distancias, permitieron la circulación de saberes, personas y opiniones.

El nutrido intercambio de misivas, relaciones, quejas, peticiones, ordenanzas, suplicaciones, pleitos y sentencias que cruzaban el Atlántico y aun el Pacífico en ambos sentidos, consiguió el mote del reinado de Felipe II por parte de los franceses, como "el imperio de papel". Tal circunstancia muestra que la relación de dominación no era estática y unívoca, sino que se moldeaba también a través de los vaivenes políticos, pero también de las necesidades individuales de los habitantes de estas tierras. Los pareceres de autoridades locales, agraviados o de rivales políticos eran escuchados y con frecuencia la aplicación de la legislación en lo particular podía ser contradictoria, en tanto a veces daba la razón a uno y a veces a otros.

Entre la copiosa documentación que se cuenta por millones y se resguarda en el Archivo General de Indias entre otros repositorios, encontramos la presencia activa no solo de hombres españoles, sino también de pueblos de indios, de mulatos libres, de monjas quejumbrosas, de viudas desvalidas, de descendientes de conquistadores sumidos en la pobreza, de poderosos cabildos, cartas entre parientes, además de reportes alarmados de conspiraciones y motines.

Supongamos que América Latina es un enorme lienzo tejido en el que la urdimbre es decir los hilos verticales sobre los que posteriormente se teje la trama en un telar, es impuesta por la colonización española, mientras que la trama es una transformación que poco a poco, no exenta de tropiezos fue tejiendo con sus propias singularidades un mundo que antes no existía. Un mundo dinámico que fue modificándose con base en la demografía, la política, la economía, la religión y la cultura. Compuesto de hilos de colores, grosores y texturas diversos han dado como resultado un variopinto mosaico.

Podríamos jalar alguno de los hilos porque no nos gusta o nos parece que el color no combina con el resto. Eso evidentemente modificaría la apariencia del lienzo. Pero no es solo una cuestión de estética, sino de morfología, de cómo se han entretejido vidas e historias, de cómo cada hilo es una circunstancia, un evento, una decisión política, un contubernio, un lazo de cariño, una despedida o un desencuentro. Somos lo que somos. Pelear con el pasado y recriminarnos mutuamente por sucesos que acontecieron hace 500 años no solo es un poco pueril sino inservible. Es ignorar los contextos en los que dichos eventos se desencadenaron y proyectar una idea anacrónica sobre el pasado que no permite recuperar los retazos de vida de aquellos que dieron forma a ese mundo, el cual en el fondo, no nos es tan lejano porque quizá sin saberlo, somos parte de la trama de ese enorme lienzo.

Exigir disculpas es evidenciar un preocupante desconocimiento del devenir y las complejidades del pasado histórico.

BIBLIOGRAFÍA

Alberro, Solange. *Del gachupín al criollo o de cómo los españoles de México dejaron de serlo,* Jornadas 122, El Colegio de México, 2002.

— "Los efectos especiales en las fiestas virreinales de Nueva España y Perú", en *Historia Mexicana,* 2010.

Bernand, Carmen y Serge Gruzinski. *Historia del Nuevo Mundo*, t. II Los mestizajes, FCE, 2005.

Cantera Ortiz de Urbina, Jesús y Julia Muñoz Sevilla, eds. *Refranes que dicen las viejas tras el fuego. Los refranes recopilados por el Marqués de Santillana,* Biblioteca fraseológica y paremiológica. Instituto Cervantes Centro Virtual Cervantes, 2018.

Conover Blancas, Carlos. "Revelando los secretos del Imperio. Testimonios de los esclavos negros del Walix que hicieron fuga al presidio de San Felipe Bacalar a finales del siglo XVII", en *Vivir en los márgenes. Fronteras en América colonial. Sujetos prácticas e identidades. Siglos XVI–XVIII,* UNAM-IIH, 2021.

Delgado de Aguilar Baldrony, Jerónimo. "El origen y la antigüedad de los apellidos", en *Hidalguía*, n. 288.

Fernández Hernández, Silvia. "El arte tequitqui como puente intercultural", https://decires.cepe.unam.mx/index.php/decires/article/view/149/132.

Fernández Muñoz, Yolanda y Alicia Díaz Mayordomo. "*Monumenta iconográfica americana*. La imagen de América en las artes europeas e iberoamericanas" en *Norba Revista de arte*, v. IX, 2020.

González S., Carlos Alberto y Enriqueta Vila Vilar, comps. *Grafías del imaginario. Representaciones culturales en España y América (siglos XVI-XVIII)*, FCE, México, 2003.

Hernández Padilla, Mercedes Josefina. "El butaque. De los códices coloniales a arquetipo del mueble mexicano del siglo XX", en *International Journal of Human Science Research*, nov. 2021.

Lavrín, Asunción, coord. *Sexualidad y matrimonio en la América hispánica*, CONACULTA-Grijalbo, México, 1991.

Mazín, Oscar y Gibrán Bautista y Lugo, coords. *El espejo de las Indias Occidentales. Un mundo de mundos: Interacción y reciprocidades*, El Colegio de México-UNAM, México, 2023.

O'Gorman, Edmundo. *Destierro de sombras. Luz en el origen de la imagen y culto de Nuestra Señora de Guadalupe del Tepeyac*, IIH-UNAM, México, 3ª reimpr., 2018.

Pérez Juárez, Carmina del Rosario. "Una política común. Las prácticas de negociación en una zona de frontera (Luisiana, siglo XVIII)" en *Vivir en los márgenes. Fronteras en América colonial. Sujetos prácticas e identidades. Siglos XVI-XVIII*, UNAM-IIH, 2021.

Romano Rodríguez, María del Carmen. "El arte tequitqui en el siglo XVI novohispano" en https://www.iifilologicas.unam.mx/pnovohispano/uploads/95sabernovo/art22_95.pdf

Ruiz, Teófilo F. *Historia social de España, 1400-1600*, Crítica, Barcelona, 2002.

Salafranca, Alejandro y Tomás Pérez Vejo. *La conquista de la identidad: México y España, 1521-1910*, Turner, México, 2021.

Von Wobeser, Gisela. "Antecedentes iconográficos de la imagen de la virgen de Guadalupe", en *Anales del Instituto de Investigaciones Estéticas,* v. 37, n. 107, sept-dic. 2015.

— "Mitos y realidades sobre el origen del culto a la Virgen de Guadalupe", en *Grafía,* v. 10, n. 1, ene-jun., 2013.

Zaa Linares, Leonor. "Captura de Atahualpa y el poder del fetiche" en *Acta Herediana,* v. 55, oct. 104-mar 2015, pp. 80-89.